AF329635

SIMPLES NOTES

SUR LA

LIQUIDATION ET LA TAXATION

DÉPÔT LÉGAL
Rhône
n.º 422
1892

DES DÉPENS

Et la nécessité de modifier les deux Décrets du 16 Février 1807

PAR

UN ANCIEN AVOUÉ

VILLEFRANCHE

IMPRIMERIE ET LITHOGRAPHIE FONTAINE, AURAY ET GUILLEMIN

16, Place de la Sous-Préfecture, 16

—

1892

SIMPLES NOTES

SUR

LA LIQUIDATION ET LA TAXATION

DES DÉPENS

Et la nécessité de modifier les deux Décrets du 16 Février 1807

PAR

UN ANCIEN AVOUÉ

Le titre de ce bien petit travail indique assez par lui-même que son auteur n'a point entendu se ranger dans la catégorie des personnes auxquelles l'étude approfondie de nos lois peut, à juste titre, donner le droit d'instruire les autres.

Il n'a eu qu'un but : résumer pour lui-même quelques principes épars de doctrine et de jurisprudence, sur la tarification et la taxation des frais et honoraires, en matière civile et commerciale, et indiquer les réformes qui, avant tout, lui ont paru pratiques et facilement réalisables, dans l'intérêt de la bonne administration de la justice, des justiciables et de certains officiers ministériels.

Ce travail comprend :

Iᵒ La liquidation des frais faits devant les tribunaux de paix.

Dans cette première partie, j'indique : 1ᵒ les principes en vertu desquels les juges de paix ont le droit de liquider et taxer les frais et émoluments dus aux greffiers, huissiers, experts et témoins ;

2ᵒ Les moyens de procédure mis par la loi à la disposition de ces personnes pour se pourvoir contre cette taxation et pour réclamer en justice le paiement de leurs frais et émoluments ;

3ᵒ Les cas dans lesquels les juges de paix ne peuvent ni taxer ni connaître des demandes en paiement de ces frais ;

4ᵒ Et enfin je propose dans mes conclusions le projet d'une taxation et liquidation plus étendue et plus pratique que celle pratiquée actuellement ;

LIQUIDATION DES FRAIS

Devant les Tribunaux de Paix

Les frais faits devant les tribunaux de paix sont tarifés par le décret du 16 février 1807 (articles 9 à 27).

L'article 4 du titre 9 de la loi du 14-26 octobre 1790, sur les justices de paix, autorisait le juge de paix à procéder, dans ses jugements, à la liquidation de certains frais.

Cet article était ainsi conçu :

« La partie à laquelle les dépens auront été adjugés sera tenue, « lorsqu'elle requerra la délivrance d'un jugement, de remettre au greffier « les originaux des notifications des différentes citations qu'elle aura fait « faire, tant à la partie qu'aux témoins et aux gens de l'art, et l'expédition « du jugement exprimera la taxe des dépens qui seront liquidés par le « juge, y compris le coût de la délivrance et de la signification du « jugement. »

La loi du 25 mai 1838 n'a pas reproduit cette disposition et aujourd'hui encore il n'existe aucun texte spécial qui la remplace. Quoi qu'il en soit, cet article ne dit point que la liquidation des dépens appartiendra au juge de paix, lorsqu'elle n'aura pas été faite dans son jugement, et ne dit pas davantage de quelle manière la partie qui se prétendrait lésée par cette liquidation pourrait se pourvoir pour tenter de le faire réformer.

Sur ces deux points, il est aujourd'hui admis que le juge de paix a seul le droit de procéder à la liquidation de tous les dépens, qui se sont faits devant sa juridiction, soit dans ses jugements, soit après sur état (Angers, 12 Avril 1866. D. P. 66. 2. 111.) et qu'il a capacité pour statuer sur l'opposition à la liquidation ou à la taxe.

Un arrêt de la cour de cassation du 8 juin 1864, rapporté dans Dalloz, année 1865, 1re partie, page 68, confirme cette interprétation, en décidant que, lorsqu'il s'agit de frais faits devant le juge de paix, c'est devant ce

II° La liquidation des dépens devant les tribunaux civils et les cours d'appel ;

Dans cette deuxième partie, je fais ressortir : 1° l'insuffisance du deuxième décret du 16 février 1807 ;

1° Je fais connaître les avantages de l'obligation de la taxe pour les avoués et pour les justiciables ;

2° Je donne enfin, dans mes conclusions, le sens du décret à rendre pour accomplir cette réforme ;

III° La liquidation des dépens en matière commerciale.

Dans cette troisième partie j'indique : 1° les principes en vertu desquels les juges consulaires sont investis du droit de liquider les dépens en l'absence de textes spéciaux ;

2° Je fais ressortir la tendance qu'ont les tribunaux de commerce d'accorder des droits de représentation aux parties qui se font représenter par des mandataires ayant leur confiance ;

3° Je conclus à la fixation d'une indemnité judiciaire progressive, pour toutes les parties représentées ou non représentées et je donne le sens de la nouvelle loi à édicter en cette matière si l'on voulait faire cette réforme.

IV° Certaines indications sur les honoraires et frais des actes dus aux notaires.

Dans cette quatrième partie j'indique : 1° les lois, décrets, ordonnances et arrêts principaux qui fixent les bases des droits dus aux notaires ;

2° Les formalités de taxation et de recours contre les taxes ;

3° Les actions judiciaires que les notaires peuvent exercer pour le recouvrement de leurs frais et honoraires et le temps de leur prescription ;

4° Les droits des parties contre les notaires.

V° Je donne quelques indications sur les études du tarif général et uniforme et je conclus à la possibilité de cette réforme en donnant le texte de la loi allemande du 26 décembre 1873.

magistrat que l'opposition à la taxe doit être formée, et qu'on objecterait vainement que les magistrats taxateurs ne peuvent pas être juges du mérite de l'opposition formée à leur propre taxe.

Cette décision est tellement importante que je crois devoir en reproduire les parties les plus essentielles, afin que l'on puisse bien en apprécier l'esprit et la portée.

« Attendu que l'huissier Ravier, après avoir fait taxer par le juge de
« paix de Champagnole le coût des actes de son ministère et formé opposition
« à cette taxe devant le même magistrat, — prétend aujourd'hui que ce
« magistrat n'était pas compétent pour statuer sur l'opposition qu'il lui a
« déférée ;

« Attendu que cette prétention n'est pas fondée ; que si aucune loi n'a
« désigné les juges de paix comme taxateurs, il n'y a point de loi non
« plus qui leur ait enlevé le droit de taxer le coût des actes faits devant
« eux ; qu'en l'absence de textes, le droit de taxer découle naturellement de
« l'obligation de juger, puisqu'il est nécessaire que la partie condamnée aux
« dépens connaisse le montant des frais qu'elle doit payer ;

« Attendu que le deuxième décret du 16 février 1807, relatif à la
« liquidation des dépens ne parle pas littéralement des juges de paix, dans
« les règles qu'énoncent les articles 1, 2, 4 et 6, mais que, comme le
« chapitre 2, livre 1 du premier décret du 16 février 1807 détermine
« la taxe des huissiers de la justice de paix, il est logique d'appliquer
« par analogie, à ces dernières taxes, des règles qui sont en quelque sorte
« inhérentes à l'administration d'une bonne justice ;

« Attendu que l'huissier du juge de paix, taxé sur son opposition par ce
« juge de paix, se plaint mal à propos de ne pas jouir des garanties accor-
« dées aux autres huissiers, qui, sur leur opposition, sont taxés par un
« tribunal de trois juges, car, d'une part, l'opposition de l'huissier amène
« un débat contradictoire qui n'est pas sans utilité pour celui qui le pro-
« voque, puisqu'il éclaire le juge saisi par cette opposition, et d'autre part,
« la taxe étant un accessoire du jugement rendu par le juge de paix, il est
« légitime que le juge du fond soit le juge de l'accessoire et que le juge de paix
« statue seul sur ce qui intéresse son huissier, par la même raison qu'il peut
« statuer tout seul sur les autres intérêts soumis à sa juridiction. »

Puisqu'il est constant que le juge de paix a le droit de statuer sur les oppositions à taxe, il importe d'examiner à défaut de textes, comment la procédure devra s'engager, et dans quels délais cette opposition pourra être formée.

L'arrêt précité, en reconnaissant qu'il n'existe aucun texte précis sur la matière, laisse donc subsister tous les doutes, et, pour les faire cesser, il faut fatalement dire que l'article 6 du deuxième décret du 16 février 1807, est applicable par analogie, et cela, en conformité des principes adoptés par un arrêt de la cour de Grenoble, du 1er mars 1816, qui a décidé que, en matière sommaire et dans les causes commerciales, c'est dans le jugement que doit se trouver la liquidation des dépens, et que c'est la signification de ce jugement qui fait courir le délai de trois jours, et non celle d'un exécutoire mal à propos délivré.

Cette interprétation me paraît d'autant plus raisonnable que, en matière commerciale comme en matière civile, devant les tribunaux de paix, il n'existe en effet aucun texte précis sur ce chef, et qu'il n'y a pas de raisons pour faire une application différente des mêmes principes aux jugements de ces deux juridictions.

Honoraires et Emoluments des Greffiers.

Les droits et émoluments des greffiers de justice de paix sont réglés par la loi du 21 ventôse an VII, par les premiers articles du premier décret du 16 février 1807, par le décret du 11 juin 1811, par l'ordonnance du 25 juillet 1825, par les décrets des 12 juin 1856, 30 avril 1862, 13 décembre 1862 pour les greffes de Marseille, de Toulouse, de Lille et Nantes, par les décrets des 8 décembre 1862, 24 novembre 1871, 16 novembre 1875, 29 mars 1879 et par la loi du 7 juillet 1833 en matière d'expropriation pour l'ouverture et le redressement des chemins vicinaux.

Taxe.

Tous les droits et émoluments qui sont dus aux greffiers de justice de paix, dans les instances ou à l'occasion des instances soumises aux juges de paix, peuvent en vertu des principes indiqués par l'arrêt du 8 juin 1864 déjà cité, être taxés par les magistrats qui auront rendu ces décisions, et dès lors, les oppositions à taxe peuvent également être faites devant eux, soit que les droits et émoluments aient été, ou liquidés par les jugements, ou taxés sur état.

Les greffiers comme les parties en cause ont le droit de former opposition à la taxe, mais lorsqu'il s'agit de déterminer le mode de procéder et le délai, dans lequel cette opposition devra être formée, on se trouve en présence d'une difficulté qui n'est réglée par aucun texte, et qui est même compliquée par celui de l'ordonnance du 25 juillet 1825 dont l'article premier est ainsi conçu:

ART. 1er.

Aucuns frais ni émoluments ne pourront être perçus par les greffiers de justice de paix, que sur des états dressés par eux, qui seront vérifiés et visé spar le juge de paix, les états seront écrits au bas de l'expédition délivrée par le greffier.

A défaut d'expédition il sera fait un état séparé.

Il semble à première vue, que le texte de cette ordonnance confère aux juge de paix, le droit de taxer tous les droits et émoluments dus aux greffiers, mais il n'en est rien ; il ne leur donne que le droit de vérification et de visa, droit qu'il ne faut pas confondre avec celui de taxer, c'est-à-dire de rendre une décision judiciaire.

MM. Beaume et Million, dans leur dictionnaire général des Justices de paix au mot taxe, page 215, n'hésitent pas à soutenir, que cet article 1er donne aux juges de paix un véritable droit de taxe vis à vis du greffier, et que en procédant ainsi ils rendent une véritable décision et font acte de juridiction, puis ils ajoutent :

« Pour faire réformer ce jugement il est indispensable de suivre les voies « ordinaires de recours qui ne sont pas celles de la censure du Président, « mais l'intervention du tribunal lui-même si le juge de paix n'a pu statuer « qu'en premier ressort. »

C'était bien le cas en posant ces principes, d'indiquer la procédure que les greffiers devraient employer pour se pourvoir contre cette première décision, et de dire notamment contre quelles personnes et devant quel tribunal ils pourraient recourir.

En ce qui me concerne, je crois avec Carou, que l'ordonnance du 17 juillet 1825 n'est qu'un règlement de surveillance (1) qui ne touche point à l'intérêt des parties, et qui n'enlève point au greffier le droit de s'adresser au juge compétent pour faire taxer ses droits et émoluments et en discuter la quotité par la voie de l'opposition à taxe.

Je crois encore, que l'exercice du droit de vérification et de visa donné au juge de paix ne peut pas constituer une décision, et ne peut pas par voie de conséquence, être susceptible d'un recours quelconque.

Dans l'espèce cette décision manquerait de tous les éléments judiciaires que l'on rencontre ordinairement dans les autres décisions ; ainsi, elle ne serait pas conservée en minute ; elle ne serait pas soumise au droit d'enregistrement, et elle ne serait pas rendue en présence et avec le consentement

____

(1) Carou, tome 1er, page 83.

des parties en cause. D'un autre côté, en cas d'appel de la part du greffier, les parties en cause contre lesquelles l'appel serait dirigé auraient été privées du premier degré de juridiction.

Toutes ces raisons déterminent notre conviction et nous font dire, que l'ordonnance de 1825 n'est qu'un règlement de discipline et de surveillance qui n'enlève point au greffier le droit de demander taxe, et de former opposition à cette ordonnance.

Lorsque la taxe des frais et émoluments dus au greffier aura été faite par la liquidation des dépens dans le jugement du juge de paix, il pourra alors en vertu des principes exposés par l'arrêt du 8 juin 1884 former opposition contre cette liquidation, en citant les parties en cause devant le juge de paix qui sera alors le seul magistrat compétent pour statuer.

Si la liquidation des dépens n'a pas été faite dans le jugement, M. le juge de paix n'en sera pas moins compétent, parce que c'est le seul magistrat qui ait le droit de la faire.

Angers 12 avril 1866.

D. P. 66. 2. 111,

Examinons maintenant dans quels délais cette opposition à taxe devra être formée. Il n'existe en cette matière aucun texte sur lequel on puisse se baser pour prononcer une déchéance. Je conseillerai aux greffiers de former leur opposition à taxe dès qu'ils auront eu connaissance de la liquidation ou de la taxation, ou au moins dans les trois jours de cette opération, de façon que les parties en cause n'aient pas à souffrir d'un retard quelconque pour le règlement de leur litige.

Je leur conseillerai encore de ne pas accepter des parties en cause le règlement définitif de leurs droits et émoluments sans faire des réserves, car alors, ils seraient non recevables dans leur demande ; et s'ils ne pouvaient faire opposition due après les trois jours de la date de la liquidation ou de la taxation ils auraient certainement le droit au cas ou leurs adversaires soutiendraient que leur action est tardive d'invoquer le bénéfice d'une jurisprudence admise en faveur des experts.

Par son arrêt du 29 avril 1868 la Cour de Douai a décidé, que le délai de trois jours accordé pour former opposition, à la partie qui reçoit signification d'une ordonnance de taxe, édicté dans l'intérêt de celui qui a pris taxe, ne court point contre lui ; en conséquence il est recevable à former opposition à taxe, même après l'échéance de ses trois jours, l'expert qui prétend que ses honoraires n'ont point été convenablement fixés par le magistrat taxateur.

D. T. 69. 2. 88.

En résumé, et jusqu'à ce que la jurisprudence se soit établie sur cette question, l'on peut dire à défaut de texte précis, que l'opposition des greffiers devra être formée dans les trois jours de la signification de l'ordonnance de taxe qui pourrait leur être faite par les parties en cause, et à défaut de cette signification, tant que le greffier n'aura pas fait un acte quelconque duquel le juge taxateur puisse apprécier, qu'il a indirectement ou expressément renoncé au droit de former opposition en acceptant la liquidation ou la taxation.

Tous les autres droits dus aux greffiers, en vertu des articles 16, 17, 18, 20 du premier décret du 16 février 1807, ceux de prisée et de vente publique de meubles et plus généralement tous les émoluments qui peuvent être dus comme auxiliaires nécessaires du juge de paix ne faisant pas acte de juridiction, devront être taxés par le président du tribunal civil, conformément au deuxième décret du 16 février 1807, et cela en vertu de l'article 151 du premier décret 1807.

C'est du reste ce qu'a décidé la Cour de Cassation par son arrêt du 26 avril 1848 plus haut cité.

D. P. 48. 1. 181.

Recouvrement. Compétence.

Pour le recouvrement de leurs émoluments les greffiers doivent, d'après MM. Beaume et Million et Chauveau sur Carré, être assimilés aux officiers ministériels dont parle l'article 60 du Code de procédure, et ces jurisconsultes pensent que cet article soumet à la juridiction du juge de paix, les demandes de frais faits devant ce magistrat, même dans le cas où elles excéderaient 200 francs, par le même motif que les tribunaux d'arrondissement seraient compétents à l'égard des frais exposés devant eux, alors même que n'excédant pas 200 francs la demande serait par sa valeur attribuée à la juridiction du juge de paix ; mais un arrêt de la Cour de Cassation du 26 avril 1848 rapporté dans Dalloz, année 1848, première partie, page 81, décide que tous les émoluments ci-dessus mentionnés doivent être taxés par le Président du Tribunal civil du ressort, et que le recouvrement ne peut en être poursuivi que devant le tribunal, la demande fût-elle inférieure au taux de sa compétence. (1)

Un jugement du Tribunal de la Seine du 14 mars 1873 a adopté les mêmes principes.

Arrêt du 26 avril 1848 D. P. 1848, t. 81.

---

(1) Les auteurs sont très divisés sur cette question. Il existe quatre systèmes. Voyez Dalloz, J. g. greffier, 187. Carou, T. 1, Page 82.

Vu les articles 1 du premier décret du 16 février 1807, 9 du deuxième décret.

« Attendu que les juges de paix, lorsqu'ils n'agissent pas comme juges
« faisant acte de juridiction, et notamment lorsqu'ils procèdent à une appo-
« sition de scellés, doivent être assimilés aux officiers ministériels quant à
« la taxe à eux due; que l'article 151 du premier décret du 16 février 1807,
« en déterminant le nombre des vacations qui sera passé en taxe, désigne
« conjointement les juges de paix, les experts, les avoués, les notaires et
« tous officiers ministériels; que lorque le montant des frais faits par un
« juge de paix pour apposition de scellés est contesté, la taxe doit, confor-
« mément au droit commun, être faite par le Président du tribunal dans le
« ressort duquel les opérations ont eu lieu; qu'il en est de même des frais
« faits par le greffier comme assistant nécessaire du juge de paix;

« Attendu que dans l'espèce, il s'est agi de frais pour apposition de
« scellés faits conjointement par le juge de paix et son greffier; que tous
« deux ont formé leur demande par un seul et même exploit; que la com-
« pétence du Tribunal civil étant déterminée en cette matière par la qualité
« des demandeurs, et par la cause de la demande, il n'y avait pas lieu, pour
« la fixer, de considérer le chiffre de la somme demandée : qu'il suit de là,
« qu'en déclarant que le suppléant de la justice de paix du canton de
« Brionne avait été compétent pour connaître de la demande formée par le
« juge de paix de ce canton, et par son greffier, le Tribunal civil de Bernay
« a violé les lois précitées. »

Les articles 29 et 30 de la loi du 22 frimaire an VII, attribuent aux
juges de paix le droit de délivrer exécutoire aux greffiers, huissiers et
autres officiers publics pour le remboursement des droits d'enregistrement
qu'ils ont avancés pour les parties, et l'article 76 de la loi du 28 avril 1816
leur accorde la même faculté pour les droits de timbre.

MM. Victor Fons, Bousquet « Fonctions des juges de paix » n° 628, Carré,
des justices de paix, tome 3, n° 2376, estiment par interprétation, que le juge
de paix pourrait accorder également exécutoire à son greffier pour les
avances et vacations relatives aux assemblées de famille, appositions de
scellés et visites de lieux, et généralement, pour toutes celles qu'il aurait
faites dans l'exercice de ses fonctions comme attaché à la juridiction de la
justice de paix :

MM. Beaume et Million acceptent également cette solution.

Malgré toute l'autorité des jurisconsultes que nous venons de désigner,
je ferai observer, bien timidement, qu'il ne faudrait pas cependant faire

produire à la loi du 22 frimaire an VII, et à la loi du 28 avril 1816 plus d'effet qu'elle n'a voulu en produire ; à mon humble avis, la loi n'a pu viser les émoluments dus aux greffiers pour leur assistance aux assemblées de famille, aux appositions et levées de scellés, et aux visites de lieux, parce qu'elle n'a voulu qu'une chose, faciliter le remboursement des droits d'enregistrement et de timbre que, à raison de leurs fonctions, ils étaient obligés d'avancer dans l'intérêt du Trésor.

Dans son traité de la juridiction civile, tome 2, page 304, n° 1202, Carou discute à fond cette question, et décide que le juge de paix n'a pas le droit de délivrer exécutoire pour les émoluments dus aux greffiers dans les assemblées de famille, appositions, levées de scellés et visites de lieux contentieux.

La Cour de Cassation, par son arrêt du 26 avril 1848, ci-dessus rappelé, donne raison à son système.

Quoi qu'il en soit, ce mode de contrainte n'est que facultatif, et les officiers publics désignés peuvent ne pas user de la voie de l'exécutoire.

J'ai dit plus haut comment ces émoluments pouvaient être taxés et recouvrés.

L'opposition et toutes les contestations qui pourraient s'élever sur un pareil exécutoire, doivent être jugées suivant les formes particulières indiquées pour la régie, c'est-à-dire par le Tribunal civil, conformément aux prescriptions des articles 30 et 65 de la loi du 22 frimaire an VII, ou plus explicitement sur simples mémoires respectivement signifiés et sans plaidoirie.

Taxe des juges de paix.

L'indemnité de transport due aux juges de paix est taxée par le Président du Tribunal civil de l'arrondissement.

L'opposition à taxe est faite conformément à l'article 6 du deuxième décret du 16 février 1807.

S'il y avait lieu à recouvrement judiciaire la demande devrait être portée devant le Tribunal civil.

Cassation 26 avril 1848.

Taxe des experts *nommés* par les juges de paix et des témoins entendus *en vertu de leurs décisions*.

Toutes ces taxes sont faites par les juges de paix, en vertu des principes édictés par l'arrêt du 8 juin 1864.

L'opposition à taxe doit être formée devant ce même magistrat, et, s'il y a lieu à recouvrement judiciaire, ce sera toujours devant la juridiction des tribunaux de paix qu'il faudra agir.

Taxe des Huissiers de la justice de paix.

En vertu des principes posés par l'arrêt de la Cour de Cassation du 8 juin 1864, c'est toujours au juge de paix qu'il appartient de taxer les frais des actes du ministère des huissiers pour l'instruction des affaires portées devant lui, et même les frais de signification de ses jugements contradictoires ou par défaut.

L'opposition à taxe doit être faite devant le magistrat taxateur, et l'action judiciaire en recouvrement doit se poursuivre devant le même magistrat; mais si les frais faits par l'huissier ne se rattachaient pas aux affaires portées devant le juge de paix, la taxe devrait être faite par le Président du Tribunal civil. Dans ce cas, l'opposition à taxe doit être faite conformément aux dispositions de l'article 6 du deuxième décret du 16 février 1807 et l'action judiciaire en recouvrement devrait être formée devant le Tribunal civil, conformément aux dispositions de l'article 60 du Code de Procédure. (1)

Résumé général.

Si je résume mes notes sur la liquidation et la taxe des frais faits devant les juges de paix, il faut reconnaître aussitôt avec les arrêts cités à l'appui de mes affirmations;

1º Qu'il n'existe aucun texte précis qui accorde aux juges de paix le droit de taxer les frais faits devant leur juridiction ou de statuer sur une opposition à taxe;

2º Que les juges de paix ont néanmoins, non pas comme juges taxateurs, mais comme magistrats investis de la juridiction en vertu de laquelle la condamnation aux dépens a été prononcée, le droit de liquider dans leurs décisions, ou sur état, en cas d'oubli, tous les frais et émoluments dus aux greffiers, huissiers, experts et témoins à l'occasion de ces mêmes instances;

3º Que tous les frais et émoluments dus aux greffiers, huissiers, gardiens, comme auxiliaires nécessaires du juge de paix ne faisant pas acte de juridiction, doivent être taxés par le Président du Tribunal civil de l'arrondissement, conformément au deuxième décret du 16 février 1807;

---

(1) L'art. 60 s'applique aux huissiers. Dalloz, J. g. Compét. civ. des Trib. d'arr. 159. La question est controversée J. g. Frais et dépens 953.

4º Que les juges de paix ont en vertu des articles 29 et 30 de la loi du 22 frimaire an VII, et de l'article 76 de la loi du 28 avril 1816, le droit de délivrer exécutoire aux greffiers, huissiers et autres officiers publics, pour le remboursement des droits d'enregistrement et de timbre qu'ils auraient avancés aux parties ;

5º Mais qu'ils n'ont pas le droit, comme certains auteurs l'ont soutenu, de compreudre, dans ces exécutoires, les émoluments dus aux greffiers dans les assemblées de famille, appositions de scellés et visites de lieux.

Arrêt de la Cour de Cassation du 26 avril 1848.

Conclusions.

En l'état, il reste à examiner s'il ne conviendrait pas de fixer la jurisprudence actuelle par un décret semblable à celui du 16 février 1807, applicable aux frais faits devant les juges de paix, et de donner à ces magistrats le pouvoir, même en dernier ressort, de taxer les frais et émoluments dus à leurs auxiliaires nécessaires.

Cette solution s'impose d'elle-même. D'abord, en ce qui concerne la liquidation des dépens, quelles raisons pourrait-on bien invoquer pour ne pas faire, en cette matière, ce qui a été fait pour les affaires civiles devant les tribunaux supérieurs ? Dira-t-on que la rédaction d'un nouveau décret est inutile puisque la jurisprudence a en quelque sorte suppléé à son inexistence et consacré d'une façon définitive les droits des juges de paix ? Mais il faut bien reconnaître que la jurisprudence peut varier, et que la doctrine peut toujours rester divisée. C'est surtout dans les petites affaires, qui intéressent généralement la classe la moins fortunée, qu'il faut tâcher d'éviter la contradiction inutile, la discussion de forme et toutes les lenteurs de la procédure. Les pauvres gens qui ont des intérêts judiciaires à débattre, ne demandent qu'une prompte et économique justice. La forme leur importe peu, et ce serait même leur être utile, étant donné la vivacité avec laquelle ils formulent leurs réclamations, que d'étendre les pouvoirs du juge de paix, afin qu'ils ne puissent pas *ab irato* recourir à un degré supérieur de juridiction, et, par conséquent, dépenser inutilement leur temps et leur argent.

En ce qui concerne la taxe des frais des greffiers, des huissiers et des gardiens, considérés comme auxiliaires des juges de paix, dont la taxation est attribuée au Président du Tribunal civil, il y aurait lieu, à mon avis, de la déférer aux juges de paix, c'est-à-dire aux seuls magistrats qui ont des éléments pour bien apprécier les chiffres et reconnaître l'exactitude des affirmations des parties intéressées. De plus, en procédant ainsi, on éviterait, aux demandeurs en taxe, les frais de déplacement que nécessitera le dépôt de leur état auprès du Président du Tribunal civil, ou la procédure en opposition qui doit être formée devant ce magistrat.

Il me semble encore, que, dans la pratique, il eut été aussi sage et, dans tous les cas, plus économique, de décider aussitôt, que les taxes faites par les juges de paix, à quelque chiffre qu'elles puissent s'élever, ne seraient pas susceptibles d'opposition, car si on accorde à ces magistrats un peu de sagesse et de réflexion, on ne comprendrait pas qu'ils puissent se déjuger, étant admis que l'opposition à taxe doit être portée devant leur juridiction. Il suffirait pour donner satisfaction aux parties intéressées, de leur permettre de se présenter amiablement devant le juge taxateur, pour lui soumettre leurs observations, et de donner pouvoir à ce magistrat, de modifier ou de maintenir sa première taxation, après avoir sommairement constaté qu'il a reçu et entendu les parties intéressées dans leurs contestations.

L'abus ou la violation de la loi autoriserait toujours le recours en cassation.

Voici à mon avis quel devrait être le sens de ce nouveau décret :

Art. Ier.

A l'avenir, la liquidation des dépens faits devant les juges de paix sera toujours faite par les jugements qui les auront adjugés; à cet effet, ces magistrats se feront remettre après la clôture des débats toutes les pièces, titres et documents dont ils auront besoin et la liquidation sera insérée avec détail dans le dispositif des jugements qui statueront sur les dépens.

Art. 2.

Il ne sera, sauf le recours en cassation, admis aucune opposition à cette liquidation, mais les parties intéressées auront jusqu'à l'enregistrement de l'expédition des jugements, la faculté de se présenter amiablement ou sur billets d'avis, devant le magistrat taxateur, à l'effet de lui faire telles observations qu'elles jugeront utiles, et dans ce cas, le juge de paix aura le droit, ou de modifier par un simple renvoi à son dispositif, ou de maintenir sa première taxation, en constatant très sommairement qu'il y a eu contestation, maintien ou modification de la liquidation.

Art. 3.

Les juges de paix auront en outre le droit de taxer, en dernier ressort sur état, tous les frais et émoluments dus aux greffiers, aux huissiers et gardiens comme auxiliaires nécessaires du juge de paix ne faisant pas acte de juridiction. Les parties intéressées devront fournir, au moment du dépôt de leur état, toutes les explications et justifications qu'elles croiront utiles.

LIQUIDATION

DES

DÉPENS EN MATIÈRE CIVILE

devant les Tribunaux civils et les Cours d'appel.

———

Le deuxième décret du 16 février 1807, relatif à la liquidation des dépens en matière sommaire et ordinaire, dont je donne plus bas la copie textuelle (1) indique en principe les formalités de procédure auxquelles les avoués doivent recourir, pour obtenir d'une façon définitive la liquidation des frais judiciaires à la charge des plaideurs, mais il ne me paraît aujourd'hui ni assez étendu dans ses precsriptions, ni suffisant pour révéler d'une façon pratique aux plaideurs généralement peu éclairés sur ces matières, les frais qui doivent leur incomber.

Vous remarquerez en effet :

1° Que ce décret ne vise d'une façon expresse que les affaires sommaires et ordinaires, et qu'il n'est appliqué que par analogie aux greffiers, huissiers, juges de paix, experts ou autres mandataires de justice;

2° Que si pour les affaires sommaires, il impose aux avoués de ceux qui ont gagné leur procès, l'obligation de la taxe par les arrêts et jugements il ne l'impose pas à l'avoué de la partie adverse;

---

(1)   *Décret du 16 février 1807*

Relatif à la liquidation des dépens en matière sommaire.

ART. 1er La liquidation des dépens en matière sommaire sera faite par les arrêts et jugements qui les auront adjugés : à cet effet, l'avoué qui aura obtenu la condamnation remettra dans le jour au greffier tenant la plume à l'audience, l'état des dépens adjugés, et la liquidation en sera insérée dans le dispositif de l'arrêt ou jugement.

ART. 2. Les dépens dans les matières ordinaires seront liquidés par un des juges qui aura assisté au jugement; mais le jugement pourra être expédié et délivré avant que la liquidation soit faite.

ART. 3. L'avoué qui requerra la taxe remettra au greffe l'état des dépens adjugés, avec les pièces justificatives.

ART. 4. Le juge chargé de liquider taxera chaque article en marge de l'état, sommera le total au bas, le signera, mettra le *taxé* sur chaque pièce justificative, et paraphera : l'état demeurera annexé aux qualités.

ART. 5. Le montant de la taxe sera porté au bas de l'état des dépens adjugés; il sera signé du juge qui y aura procédé, et du greffier. Lorsque ce montant n'aura pas été

3° Que dans les affaires ordinaires, les avoués sont dispensés de se faire taxer par les jugements et arrêts, et qu'ils peuvent même ne pas se faire taxer si leur clients ne leur font pas cette réquisition ;

4° Que, si les avoués sont par l'article 9 du décret tenus de donner copie du mémoire des frais qu'ils réclament en justice, ils ne sont pas tenus au préalable de recourir à la taxe ;

Chauveau. Introduction, page 97 et tome 2, page 89. Rivoire, dépens n° 50. Dalloz, n° 239 ;

5° Qu'il ne parle pas des affaires soumises aux tribunaux de commerce.

Ces remarques nous amènent forcément à examiner si, en l'état, il n'y a pas intérêt à réclamer une modification de ce décret, pour imposer l'obligation de la taxe à tous les avoués, et pour réglementer d'une façon pratique et uniforme la liquidation des frais faits devant les tribunaux de commerce.

Les avoués, ont pour l'exercice de leur profession un monopole, c'est-à-dire un privilége énorme. L'état leur a concédé ce privilége dans l'intérêt de la bonne administration de la justice et aussi dans son intérêt particulier, car, en fait, les avoués sont chargés de recouvrer avec les notaires, les greffiers et les huissiers, la presque totalité de l'impôt judiciaire.

Beaucoup de personnes ne se rendent pas suffisamment compte de cette dernière affirmation et sont portées à croire que le paiement du mémoire de l'avoué fait tomber dans sa caisse un émolument de beaucoup plus important que ses débours et comme, d'un autre côté, peu de personnes sont capables de composer et d'apprécier un état de frais, il en résulte fatalement que les plaideurs, mécontents de la justice et par contre de leurs hommes d'affaires, font à ces derniers et plus spécialement à la corporation des avoués une réputation imméritée.

---

compris dans l'expédition de l'arrêt ou jugement, il en sera délivré exécutoire par le greffier.

Art. 6. L'exécutoire ou le jugement au chef de la liquidation seront susceptibles d'opposition. L'opposition sera formée dans les trois jours de la signification à avoué avec citation ; il y sera statué sommairement, et il ne pourra être interjeté appel de ce jugement que lorsqu'il y aura appel de quelques dispositions sur le fond.

Art. 7. Si la partie qui a obtenu l'arrêt ou le jugement néglige de le lever, l'autre partie fera une sommation de le lever dans les trois jours.

Art. 8. Faute de satisfaire à cette sommation, la partie qui aura succombé pourra lever une expédition du jugement sans que les frais soient taxés, sauf à l'autre partie à les faire taxer dans la forme ci-dessus prescrite.

Art. 9. Les demandes des avoués et autres officiers ministériels, en paiement de frais contre les parties pour lesquelles ils auront occupé ou instrumenté, seront portées à l'audience, sans qu'il soit besoin de citer en conciliation, il sera donné, en tête des assignations, copie du mémoire des frais réclamés.

Je ne veux point dire que dans le nombre de ces officiers ministériels il n'y en ait pas, qui, par leur manière de procéder, leurs conseils intéressés et l'exagération calculée de leurs états de frais, n'aient pas prêté le flanc à la critique ; mais il ne faut pas les confondre avec la masse de la corporation, qui, en fait, apporte à l'administration de la justice un concours précieux et souvent bien difficile.

En l'état, il importe de protéger également les contribuables qui paient l'impôt judiciaire, et les avoués ou autres officiers ministériels qui sont chargés à leurs périls et risques de ce recouvrement.

Il me semble que l'obligation de la taxe pour tous les avoués sera une mesure qui devra dans l'opinion publique augmenter, s'il est possible, l'estime dont ils doivent jouir à bon droit, de plus l'intérêt public sera entièrement sauvegardé, et les Procureurs de la République verront disparaître la majeure partie des plaintes déposées contre les officiers ministériels.

Si en imposant l'obligation de la taxe, on créait en même temps un registre spécial, tenu par le greffier, et dans lequel on inscrirait sous le nom de chaque avoué le montant des débours et des émoluments de sa taxe, on aurait ainsi d'une façon certaine le produit évident de son office, et l'on ne serait pas obligé comme on le fait actuellement, au moment d'une cession d'office, de dresser des états de produits dans lesquels on met à peu près tout ce que l'on veut, tant sur le total des affaires que sur leur produit.

Je tiens en fait, que ces états de produits ne peuvent pas être sincères, qu'il est impossible aux Procureurs de les vérifier et que, dans tous les cas, le chiffre adopté pour le produit moyen n'est qu'approximatif.

Les registres du greffe, où sont inscrites, comme entrantes, toutes les affaires sommaires ou ordinaires, ne font pas mention de nombreux incidents de procédure qui peuvent surgir dans ces mêmes affaires, et de tous ceux, plus nombreux encore, qui s'élèvent dans les expropriations, les adjudications, les licitations, les ordres, les contributions, et, d'autre part, pour connaître exactement le nombre des adjudications, des référés, des acceptations, des renonciations, des ordres, des contributions, des purges d'hypothèque, il faut feuilleter autant de registres ou de minutes qu'il y a d'articles différents, et cela pendant cinq années.

L'État qui est le gardien des intérêts généraux a lui-même le plus grand intérêt à être renseigné sur ce point, d'une façon exacte et véridique. Je ne crois pas qu'il existe pour lui un meilleur moyen de contrôle.

Si plus tard il établissait un impôt sur le revenu, ou si encore, il voulait modifier l'assiette de la cote mobilière, ou si encore il voulait supprimer les études d'avoué, il aurait ainsi une base toute trouvée.

Il est certain en outre, que peu de plaideurs ont la bonne fortune de connaître le tarif et de pouvoir par conséquent apprécier l'état des frais de leur avoué. D'un autre côté, la partie qui a gagné son procès n'a pas d'intérêt à vérifier la note de son avoué si son adversaire a été condamné aux dépens, et comme les avoués sont naturellement portés à ne pas critiquer la note d'un confrère, il en résulte fatalement que les intérêts des justiciables sont quelquefois sacrifiés.

L'obligation de la taxe peut seule les protéger.

Je ne voudrais pas que, à l'occasion de mes propositions, on puisse prétendre que je cherche le moyen de discréditer la corporation des avoués, et de porter atteinte à sa prospérité, non ! mille fois non ! telle n'est point ma pensée. Je n'ai qu'un but, faire valoir dans l'intérêt du public et surtout de la corporation des avoués, les considérations que l'on peut invoquer en faveur de l'obligation de la taxe.

J'ai la conviction la plus intime que cette seule réforme, comme je l'ai dit plus haut, fera disparaître la plus grande partie des plaintes déposées par les justiciables, et donnera à cette corporation une plus grande somme d'estime et d'autorité.

Pour être juste, je dois ajouter aussitôt, qu'il y a une foule de vacations et démarches pour lesquelles les avoués ne sont pas rémunérés : ainsi la taxe ne leur accorde aucun émolument à partir de la signification du jugement, et cependant il n'y a pas un avoué qui, sans demander un mandat particulier à son client, ne se croit obligé de surveiller l'exécution du jugement et de faire le recouvrement en vue duquel toute la procédure a été faite.

Le public ne saura jamais assez combien cette tâche est délicate, difficile et combien elle attire à l'avoué d'antipathies, de responsabilités, d'ennuis et de calomnies, de la part de la partie adverse et quelquefois aussi de la part de son client, s'il ne réussit pas. A mon avis, les avoués ont le tort de ne pas demander à leurs clients les honoraires particuliers qui peuvent leur être dus, en dehors de leur mandat légal et obligé, et de forcer quelquefois le tarif, pour tenter de retrouver le salaire de leurs démarches non tarifées. S'ils veulent réellement retrouver une plus grande somme d'indépendance, d'estime et d'autorité, ils n'ont qu'à réclamer eux-mêmes l'obligation de la taxe, et aussi, la juste rémunération, sous la forme d'honoraires extraordinaires, de toutes leurs vacations et démarches non prévues par le tarif. Tout le monde y gagnera : le public n'aura plus aucun sujet de plainte contre les avoués : la partie perdante, qui aura été condamnée aux frais, saura d'une façon certaine qu'elle ne paie que les frais légalement dus et appréciés à leur juste valeur par des hommes compétents ; elle ne sera pas tentée de supposer que l'avoué de son adversaire essaye de recouvrer sur elle les démarches et études particulières qu'il aura faites pour obtenir sa condamnation. La partie gagnante et, en général, tous les plaideurs apprendront d'une façon bien caractérisée que, en dehors des frais tarifés, il peut être dû aux avoués des honoraires extraordinaires, pour les vacations, les démarches, les voyages et enfin pour toutes les études et les travaux qui ne ressortissent pas nécessairement de leurs fonctions obligées ; de cette façon les avoués auront alors une situation bien nette, honorable et enviée.

Résumé.

1° Le deuxième décret du 16 février 1807 est insuffisant pour protéger les justiciables.

2° Il y aurait intérêt pour la corporation des avoués à édicter le principe de l'obligation de la taxe et la création d'un registre spécial tenu par le greffier dans lequel il inscrirait, sous le nom de chaque avoué ou avocat-défenseur, le montant des émoluments et des débours taxés.

Le registre donnerait d'une façon certaine le produit exact de chaque étude et pourrait remplacer les états de produits toujours approximatifs fournis au moment de la cession des études.

Les avoués verraient les plaintes déposées contre eux diminuer dans une notable proportion et gagneraient une grande somme d'honorabilité et d'estime publique.

Conclusions.

Pour exécuter ces réformes, le deuxième décret du 16 février 1807 devrait être modifié dans le sens ci-après.

Art. 1.

Les affaires et les formalités dans lesquelles le ministère des avoués et avocats-défenseurs est obligatoire devront, sauf les actes isolés d'acceptation et de renonciation à succession, legs et communauté, être toutes soumises à la taxe, préalablement à toute demande en paiement amiable ou judiciaire, même sous forme de production dans les ordres, les contributions, les faillites, les séquestres ou d'indications dans les liquidations et les cahiers des charges.

Art. 2.

A cet effet, il sera établi, aux greffes des tribunaux civils et des cours d'appel, un registre spécial sur huit colonnes sous le nom de tous les officiers ministérels, contenant l'année et le mois, la date, la nature de l'affaire, le nom de la partie, le chiffre des émoluments taxés, le chiffre de tous les débours taxés, le chiffre des réductions opérées en vertu de la loi du 23 octobre 1884, et enfin le chiffre des émoluments qui seront seulement payés par le receveur de l'enregistrement après le recouvrement des frais faits dans les affaires admises au bénéfice de l'assistance judiciaire. Cette dernière incription sera faite sur la réquisition du receveur d'enregistrement aussitôt après le paiement.

Art. 3.

Les officiers ministériels ci-dessus désignés seront tenus de déposer, entre les mains du greffier, avec les pièces à l'appui, tous leurs états à taxer, et plus spécialement en ce qui concerne les affaires sommaires et ordinaires, ils se conformeront aux dispositions ci-après.

Art. 4.

Le greffier sera tenu, sauf pour les affaires admises à l'assistance judiciaires et les actes mentionnés à l'article 1er, de remplir sans émolument d'aucune sorte (1) toutes les indications ci-dessus prescrites, soit au moment du dépôt, soit après la taxe; il certifiera en outre, au moment du dépôt, sur l'état déposé, que l'inscription a été faite, et le juge taxateur ne pourra procéder à la taxe que sur le vu de cette attestation.

Les contraventions qui seront relevées contre l'inexécution de toutes ces dispositions seront punies tant contre les avoués et avocats-défenseurs que contre les greffiers d'une amende de
sans préjudice de toute peine disciplinaire.

Art. 5.

La liquidation du dépens en matière sommaire sera faite par les arrêts et jugements qui les auront adjugés ; à cet effet, les avoués de toutes les parties en cause remettront dans le jour, au greffier tenant la plume à l'audience, l'état sur deux colonnes pour les émoluments et débours des

---

(1) Les émoluments qu'il percevra à l'occasion de la délivrance de certificats de taxe l'indemniseront très largement.

dépens adjugés, et la liquidation en sera insérée dans le dispositif de l'arrêt ou du jugement. Les copies de pièces dues aux avoués figureront toujours dans la colonne des émoluments et les droits de correspondance dans celle des débours.

Art. 6.

Les dépens dans les matières ordinaires seront liquidés par l'un des juges qui aura assisté au jugement ou à l'arrêt, mais l'expédition pourra être délivrée avant que la liquidation soit faite.

Art. 7 comme l'art. 3 du deuxième décret du 16 février 1807.

Art. 8 comme l'art. 4.

Art. 9 comme l'art. 5.

Art. 10 comme l'art. 6.

Art. 11 comme l'art. 7.

Art. 12 comme l'art 8.

Art. 13 comme l'art. 9.

Le tarif des frais de taxe comme au décret susvisé.

Modèle en petit du registre sur huit colonnes.

ANNÉE MOIS	DATE	NATURE DE L'AFFAIRE	NOM DE LA PARTIE	taxe		RÉDUCTION LOI DU 23 OCT. 1884	ASSIST. JUDIC. ÉMOLUMENTS RECOUVRÉS
				des Émoluments	des Débours		

LIQUIDATION DES DÉPENS

En Matière Commerciale

En matière commerciale la réglementation de la liquidation s'impose encore d'une façon plus évidente. On ne peut invoquer que les dispositions générales de l'art. 543 du C. de P. et de l'art. 462 du C. de P. qui ne vise que l'indemnité réclamée par le syndic de faillite, pour attribuer aux juges consulaires le droit de liquider, dans leurs décisions, les frais faits devant leur juridiction, mais on doit décider, par adoption des motifs de l'arrêt de la cour de cassation du 8 juin 1864 et de l'arrêt de la cour de Grenoble du 1er mars 1816, que les juges consulaires ont, non pas comme juges taxateurs, mais comme magistrats investis de la juridiction en vertu de laquelle la condamnation aux dépens a été prononcée, le droit de statuer sur les oppositions à taxe qui seraient faites contre cette liquidation.

Il faut donc admettre que les juges consulaires ont le droit de liquider dans leur jugements, tous les frais exposés dans les instances soumises à leur juridiction soit les frais du greffier, de l'huissier, des experts et arbitres nommés par eux, et enfin, qu'ils ont encore le droit de statuer sur l'opposition formée à cette liquidation.

Remarquez bien que je ne dis point que toutes ces personnes auraient le droit de poursuivre, devant la juridiction consulaire, le paiement de leurs émoluments ou honoraires, car une jurisprudence constante décide, au contraire, que la jurisprudence civile est seule compétente pour statuer sur leur demande de paiement.

Cassation 26 décembre 1859.

D. P., 60, 1, 29, D. C. de Co., art. 632 n° 1195 et suivants, D. C. de P., art. 60 n° 67 et suivants.

Il a été jugé toutefois que, lorsque les tribunaux de commerce ont, au cours d'une instance, ordonné un rapport d'experts ou d'arbitres, il leur appartient de connaître de la demande en paiement des frais et honoraires dus aux arbitres par eux nommés, attendu que le rapport de ceux-ci est un acte d'instruction préparatoire que le tribunal, qui a commis les experts ou arbitres, peut seul apprécier.

Paris, 12 juillet 1826.

Je dois ajouter que cet arrêt est isolé, et qu'il n'a plus aujourd'hui aucune autorité.

D. C. de P. art. 60 nº 67 et suivants.

Quoi qu'il en soit, il est certain en fait, que les tribunaux de commerce tiennent peu de compte des principes posés dans les arrêts du 26 décembre 1859, et dans l'article 627 du C. de Co. qui leur défend de condamner la partie perdante au paiement des honoraires dus au défenseur ou mandataire de l'autre partie.

Requ. 12 juillet 1847. D. P. 47, 1, 255.

La cour de cassation et toute la juridiction civile ont beau multiplier leur jurisprudence, les tribunaux de commerce n'en continuent pas moins à condamner la partie perdante au paiement des honoraires dus aux agréés, aux avoués ou à tous autres mandataires acceptés par eux.

Il y a là un conflit regrettable que le législateur pourrait faire cesser, sans même qu'il fut besoin de reconnaître la corporation des agréés.

Il suffirait ou de consacrer par une loi spéciale de taxe, les chiffres de l'indemnité judiciaire qui pourrait être accordée à la partie gagnante, ou de proclamer, conformément aux principes de l'arrêt du 12 juillet 1847, que la partie perdante ne peut être condamnée au paiement des honoraires de mandat ad litem dus aux représentants de la partie gagnante, et que les jugements des tribunaux de commerce devraient à l'avenir, sous peine de nullité sur le chef de la condamnation aux dépens, contenir, dans leur dispositif, la liquidation détaillée, article par article, des débours dus en vertu de la législation actuelle, et enfin, que la liquidation des frais de correspondance, des honoraires dus aux mandataires *ad litem,* ou de tous autres droits, adjugés sous la forme d'indemnité judiciaire, serait nulle de plano, sans qu'il fut besoin de faire prononcer cette nullité.

L'une ou l'autre de ces deux manières de remédier à cet abus s'impose fatalement, si l'on tient, en matière litigieuse, à maintenir le principe de l'égalité.

Supposez par exemple, et c'est ce qui arrive quelquefois, que l'une des parties se fasse représenter par un agréé ou un avoué, et que l'autre vienne, comme c'est son droit, suivre elle-même l'instruction et la défense de son affaire ; supposez encore, que cette dernière vienne à perdre son procès et à être condamnée au paiement des honoraires de représentation dus à l'agréé ou à l'avoué, il arrivera que sa condamnation aux frais sera supérieure à celle qu'il aurait eue à payer, si son adversaire s'était défendu lui-même ; de plus cette même condamnation aurait été également inférieure pour la partie représentée, si la partie non représentée avait gagné son procès, vous voyez bien que le principe de l'égalité est dans ce cas violé d'une façon manifeste.

Le même principe peut encore être violé de différentes manières, parce que certains tribunaux de commerce accordent des droits plus élevés que d'autres, et encore, parce que certains tribunaux plus respectueux de la loi n'accordent que les débours judiciaires reconnus par la loi.

A mon avis il serait préférable de recourir au principe de la fixation de l'indemnité judiciaire et d'accorder à toute partie représentée ou non, les dépens que les tribunaux sont tentés d'accorder, sous des formes différentes, au cas seulement où il y a représentation.

Par ce moyen, le principe de l'égalité ne serait plus violé, et l'on donne_ rait satisfaction à la grande majorité des tribunaux de commerce, qui n'ont pas craint de se mettre en opposition flagrante avec la loi, en créant des agréés à qui ils accordent toute leur confiance. Il faut bien reconnaitre que, si les tribunaux de commerce ont pris une semblable détermination, ce n'est point pour avoir le plaisir de contester les lois établies, mais bien parce qu'ils ont réellement reconnu que la bonne administration de la justice et la rapidité de l'expédition des affaires l'exigeaient.

Si au contraire, on rejetait le principe de la fixation des droits et honoraires, et si on restait dans le statu quo, on perpétuerait un conflit regrettable et on laisserait aux tribunaux de commerce le droit de faire, chacun dans leur ressort, ce qu'ils croiraient être nécessaire assurément, mais ce qui ne serait pas conforme et égal pour tous les commerçants.

Résumé et Conclusions.

Il y a nécessité, pour mettre fin au conflit qui existe entre la juriprudence et la manière de procéder des tribunaux de commerce, et surtout pour empêcher que, en matière de condamnation aux dépens, le principe de l'égalité judiciaire ne soit pas plus longtemps violé, de tarifer les frais devant les tribunaux de commerce, et de préciser le mode de liquidation et d'opposition à taxe.

Pour opérer cette réforme on pourrait se baser sur l'article 67 du premier décret du 16 février 1807, qui a liquidé les dépens en matière sommaire et faire une loi nouvelle dans le sens ci-après.

Art. 1er.

Les dépens dans les matières commerciales seront liquidés, tant en demandant qu'en défendant, savoir, pour l'obtention d'un jugement par défaut, quand la demande n'excédera pas mille francs, à Paris. . . . .   7 fr. 50

Dans les autres tribunaux les trois quarts ; et quand elle excédera mille francs,. jusqu'à cinq mille francs. . . . .   10 fr.

Et pour l'obtention d'un jugement contradictoire et définitif, y compris le dépôt des conclusions sur papier libre, quand la demande n'excéde pas mille francs. . . . .   15 fr.

Quand elle excédera mille francs jusqu'à cinq mille francs. . .   20 fr.

Quand elle excédera cinq mille francs . . . .   30 fr.

Nota. — Si la valeur de l'objet de la contestation est indéterminée le tribunal allouera l'une des sommes ci-dessus indiquées. Et pour l'obtention de tous autres jugements sur incident ou ordonnant une mesure préparatoire ou interlocutoire, moitié de droits ci-dessus, qu'ils soient par défaut ou contradictoires

Art. 2.

Il ne sera alloué en outre que les simples déboursés, comprenant le coût des actes nécessaires, droits de greffe, droits d'enregistrement des titres produits, honoraires dus aux experts et taxe due aux témoins, sans que l'on puisse passer aucun autre droit pour correspondances, vacations au dépôt des conclusions à la mise au rôle, enregistrement de pouvoirs et droits de mandat ad litem.

Art. 3.

La condamnation aux dépens sera toujours pour les frais faits jusqu'au moment du prononcé du jugement, le montant de la liquidation, et cette dernière sera faite d'une façon détaillée, c'est-à-dire, article par article, par les jugements qui auront prononcé la condamnation.

Art. 4.

L'opposition à taxe sera formée dans les trois jours de la signification du jugement, avec citation devant la chambre du conseil ; il y sera statué en audience publique et il ne pourra être interjeté appel de cette décision que lorsqu'il y aura appel de quelques dispositions sur le fond. Cette procédure ne donnera droit à aucun des émoluments ci-desus.

HONORAIRES

ET

FRAIS D'ACTES DES NOTAIRES

Les honoraires et frais des actes dus aux notaires sont actuellement tarifés : 1° par l'article 39 du décret du 16 février 1807 relatif aux ventes judiciaires de meubles.

2° Par les articles 166 du même tarif et 13 du tarif criminel du 18 juillet 1811, relatif à la taxation des vacations pour présentation de pièces de comparaison en matière de vérification d'écriture ou de faux.

3° Par les articles 168 et suivants du 1er décret du 16 février 1807, dont copie est ci-après donnée :

CHAP. VII. — DES NOTAIRES.

I. — 168. Il sera taxé aux notaires, pour tous les actes indiqués par le Code civil et par le Code judiciaire.

Pour chaque vacation de trois heures :

1° Aux compulsoires faits en leur étude (*Pr.* 849) ;

2° Devant le juge, en cas ou le transport devant lui ait été requis (*Pr.* 852) ;

3° A tout acte respectueux et formel, pour demander le conseil du père et de la mère, ou celui des aïeux, aïeules, à l'effet de contracter mariage (*Civ.* 151, 152, 153, 154) ;

4° Aux inventaires contenant estimation des biens meubles et immeubles des époux qui veulent demander le divorce par consentement mutuel (*Pr.* 279) ;

5° Aux procès-verbaux qu'ils doivent dresser de tout ce qui aura été dit et fait devant le juge en cas de demande en divorce par consentement mutuel (*Pr.* 281, 284, 285) ;

6° Aux inventaires après décès (*Pr.* 941 *et s.*) ;

7° En référé devant le président du tribunal, s'il s'élève des difficultés, ou s'il est formé des réquisitions pour l'administration de la communauté, ou de la succession, ou pour tous autres objets (*Pr.* 944) ;

8° Aux procès-verbaux qu'ils dresseront en tous autres cas, et dans lesquels ils seront tenus de constater le temps qu'ils auront employé (*Pr.* 977, 978 *et s.*) ;

9° Au greffe, pour y déposer la minute du procès-verbal des difficultés élevées dans les partages, contenant les dires des parties (*Pr.* 977) ;

A Paris.	9 fr. 00 c.
Dans les villes où il y a un tribunal de première instance . . .	6 00
Partout ailleurs	4 00

169. Dans tous les cas où il est alloué des vacations aux notaires, il ne leur sera rien passé pour les minutes de leurs procès-verbaux.

II. — 170. Qand les notaires seront obligés de se transporter à plus d'un myriamètre de leur résidence, indépendamment de leur journée, il leur sera alloué, pour tous frais de voyage et de nourriture, par chaque myriamètre, un cinquième de leurs vacations, et autant pour le retour.

Et par journée, qui sera comptée à raison de cinq myriamètres, aussi pour l'aller et le retour, quatre vacations.

III. — 171. Il sera passé aux notaires pour la formation des comptes que les copartageants peuvent se devoir de la masse générale de la succession, des lots et des fournissements à faire à chacun des copartageants, une somme correspondante au nombre des vacations que le juge arbitrera avoir été employées à la confection de l'opération.

IV. — 172. *Abrogé par l'ordonnance du 10 Octobre 1841. Art. 20.*

V. — 173. Tous les autres actes du ministère des notaires, notamment les partages et ventes volontaires qui auront lieu par-devant eux, seront taxés par le président du tribunal de première instance de leur arrondissement, suivant leur nature et les difficultés que leur rédaction aura présentées, et sur les renseignements qui lui seront fournis par les notaires et les parties.

VI. — 174. Les expéditions de tous les actes reçus par les notaires y compris celles des inventaires et de tous procès-verbaux, contiendront vingt-cinq lignes à la page et quinze syllabes à la ligne, et leur seront payées par chaque rôle :

A Paris . . . . 3 fr. 00 c.
Dans les villes où il y a un tribunal de première instance . . 2 00
Partout ailleurs 1 50

VII. — 175. Les notaires seront tenus de prendre à leur chambre de discipline et de faire afficher dans leurs études, l'extrait des jugements qui auront prononcé des interdictions contre des particuliers, ou qui leur auront nommé des conseils, sans qu'il soit besoin de leur signifier les jugements (*Civ.* 501).

Ainsi que l'on peut s'en rendre compte, les actes des notaires sont payés soit par des honoraires, soit par des droits d'expédition, soit par des indemnités de transport, et soit encore, par des débours de timbre, d'enregistrement et d'hypothèques.

Les honoraires sont dus pour la rédaction et la conversion des actes; ils sont ou proportionnels ou fixes, ou déterminés par des vacations.

L'ordonnance du 11 octobre 1841, pour les ventes judiciaires de biens immeubles, le décret du 5 novembre 1851, pour les ventes volontaires de fruits et récoltes pendants par racines, et de coupe de bois taillis, les articles 11 et 12 de l'instruction ministérielle du 27 juin 1849, relatifs aux certificats de vie pour rentes et pensions viagères et civiles, l'ordonnance du 20 juin 1817, article 12, la décision ministérielle du 17 juin 1822, relative aux certificats de vie des pensions militaires, le décret des 2-14 août 1860, relatif aux certificats de vie des pensionnaires de la légion d'honneur et de la médaille militaire, sont les seules décisions qui édictent le principe de la proportionnalité.

L'art. 171 du tarif décide que les notaires auront droit à un nombre de vacations que le juge arbitrera avoir été employées pour la formation des comptes que les co-partageants peuvent se devoir, de la masse générale de la succession des lots et attributions à faire à chacun d'eux.

L'art 173 dit simplement, que tous les autres actes, notamment les partages et les ventes volontaires, seront taxés par le Président du tribunal de leur arrondissement, suivant leur nature et les difficultés que leur rédaction aura présentées, et sur les renseignements qui lui seront fournis par le notaire et les parties.

Enfin la Cour de Cassation, par son arrêté du 22 Août 1854 rapporté dans Dalloz P. 1855, 1, 25, décide que les honoraires relatifs aux actes testamentaires doivent, en l'absence d'une disposition spéciale, être taxés suivant la nature et les difficultés de rédaction de ces actes, et que le magistrat taxateur investi d'un pouvoir discrétionnaire n'est point tenu d'allouer pour la rédaction des testaments un honoraire proportionnel aux valeurs léguées.

Une jurisprudence constante a déclaré encore, que les notaires avaient droit à un émolument pour la garde, le dépôt et l'ouverture des testaments olographes ou mystiques, mais que cet émolument ne pourrait être ni un droit fixe, ni un honoraire proportionnel, et qu'il appartenait aux tribunaux en l'absence d'une taxation légale d'en fixer le chiffre, suivant l'importance pécuniaire de l'acte et la responsabilité assumée par le notaire.

Vous trouverez de nombreuses décisions sur ces matières dans le 1er volume des tables de 1845 à 1867 de Dalloz, au mot : honoraires.

Pour les contrats de mariage il a encore été décidé, que, en l'absence de textes spéciaux et en cas de contestation, c'était aux tribunaux à fixer les honoraires dus suivant les règles d'équité indiquées par l'article 173 du tarif.

Trib. C. de Die 9 août 1864. D. P. 65, 3, 61.

Taxation

En résumé, sauf la tarification que je viens d'indiquer, les honoraires et les vacations des notaires sont réglés à l'amiable entre les parties, et les tribunaux n'interviennent que lorsqu'il y a contestation ; et précisément, pour éviter ces contestations, les chambres de discipline des notaires ont créé, chacune dans leur ressort, un tarif général qu'elles s'efforcent de faire adopter par les magistrats taxateurs ; mais il faut bien dire aussitôt, que, quelque louables que soient les intentions des notaires, ces tarifs généraux ne sauraient lier les parties ni les magistrats taxateurs, ainsi que l'a décidé la Cour de Bourges du 20 juin 1829, et l'arrêt de la Cour de Cassation du 22 août 1854. D. P. 1855. 1, 25.

De plus, une jurisprudence imposante a décidé que l'article 173 du tarif, qui soumet à la taxe du Président du tribunal civil tous les actes des notaires non tarifés, constituait une disposition d'ordre public, au bénéfice de laquelle les parties ne pourraient pas renoncer, et que la taxe pourrait être requise nonobstant l'existence d'un règlement amiable.

D. P. 1853. 1. 56.

D. P. 1855. 1.   23.
D. P.   59. 1. 161.
D. P. 1872. 1. 252.
D. P. 1877. 1. 222.

Conformément aux prescriptions de l'article 173 du tarif, c'est le Président et non le tribunal qui doit procéder à la taxe.

Il est admis par la jurisprudence que sa décision n'a pas le caractère d'un jugement et par voie de conséquence que les parties ont le droit de recourir au tribunal du domicile du notaire ;

D. P. 67. 1. 375.

Qu'il n'est pas possible de se pourvoir devant le Président lui-même, lorsque la taxe a été faite par défaut ; et enfin qu'il n'est pas davantage possible, de se pourvoir par appel devant la Cour, quand la taxe a été réglée contradictoirement.

Il est admis en outre, que l'article 6 du 2me décret de 1807 ne s'applique pas aux notaires ; que le tribunal doit statuer en audience publique et non en chambre du conseil, et enfin, que le jugement est sujet à appel si la demande en paiement ou en restitution est supérieure à 1.500 francs. Orléans 7 janv. 1852.

Le tribunal n'est nullement lié par le règlement du Président ; quelques auteurs ont soutenu qu'il devait prendre l'avis de la chambre de discipline conformément à l'article 52 de la loi de ventôse an XI, mais l'arrêt de la Cour de Cassation du 19 juin 1865 a décidé le contraire. D. P. 65. 1. 336.

Actions judiciaires des notaires
pour le recouvrement de leurs frais et honoraires.

Les notaires ont, pour le paiement de leurs avances et de leurs honoraires, une action solidaire contre toutes les parties qui ont concouru à l'acte ; Ce principe ressort des prescriptions de l'article 30 de la loi du 22 frimaire an VII, et de l'article 1999 et 2002 du C. C.   cassation 11 octobre 1811.

27 janvier 1812, 8 décembre 1832. Aix 29 février 1876. D. P. 77. 2. 36.

Si le notaire ne veut poursuivre que le remboursement de ses débours d'enregistrement et de timbre, il peut se faire délivrer un exécutoire par le juge de paix de son canton, en conformité des dispositions de l'article 30 de la loi du 22 frimaire an VII.

S'il veut procéder tout à la fois, au recouvrement de ses avances et de ses honoraires, il peut obtenir un exécutoire du Président du tribunal de son arrondissement conformément aux dispositions de l'art. 3 de la loi du 5 août 1881 (1) dont copie est donnée ci-après.

Cet exécutoire permet de prendre inscription sur les biens du débiteur.

Emile Aubertin

Traité des honoraires et frais des notaires, page 184.

La question est toutefois controversée.

Un jugement du tribunal de Largentière du 21 mars 1882, a décidé le contraire, et déclaré en outre, que la loi du 5 août 1881 n'avait pas enlevé aux notaires le droit de se pourvoir par voie d'assignation devant le tribunal.

Les notaires doivent sous peine de non recevabilité de leur demande, faire taxer leurs frais et honoraires, et donner copie du mémoire taxé en tête de l'assignation.

Cassation 7 mai 1850.

D. P. 50. 1. 161.

Ils sont considérés comme des officiers ministériels, et dès lors, la jurisprudence de l'article 60 du C. de P. leur est applicable, c'est-à-dire que leur demande, si elle a pour but d'obtenir le paiement de frais et honoraires dus

---

(1) LOI RELATIVE A LA FIXATION DE LA PRESCRIPTION PAR TAXE
DES ACTES NOTARIÉS

5 Août 1881.

Art. 1er. L'action des notaires en payement des sommes dues pour les actes de leur ministère se prescrit par cinq ans à partir de la date des actes. La prescription ne cesse de courir que lorsqu'il y a eu compte arrêté, reconnaissance, obligation ou citation en justice non périmée ; les articles 2.275 et 2.278 du Code civil sont applicables à cette prescription. — Pour les actes dont l'exécution est subordonnée au décès, tels que les testaments et les donations entre époux pendant le mariage, les cinq ans ne dateront que du jour du décès de l'auteur de la disposition.

2. Les demandes en taxe et les actions en restitution des honoraires dus aux notaires pour les actes de leur ministère, se prescrivent par deux ans, du jour du paiement par compte arrêté, reconnaissance ou obligation.

3. La taxe des actes notariés, régulièrement faite par le Président du Tribunal, donnera ouverture à un exécutoire qui sera délivré sur la réquisition du notaire par le greffier. Cet exécutoire sera susceptible d'opposition de la part de la partie. — Les oppositions à taxe seront jugées en audience publique comme en matière sommaire. — Les jugements seront susceptibles d'appel dans les délais et formes ordinaires.

4. Les demandes en taxe et toutes actions en restitution de frais et honoraires contre les avoués ou huissiers seront prescrites par deux ans, du jour du payement ou du règlement par compte arrêté, reconnaissance ou obligation.

5. La présente loi sera applicable aux payements et règlements effectués aux actes passés antérieurement à ce jour, et les prescriptions commencées, et pour lesquelles il faudrait encore, d'après les lois actuelles, plus de deux ans ou de cinq ans, seront acquises par l'expiration de ces délais, ou suivant les distinctions déterminées par les articles précédents, à compter de la promulgation de la présente loi.

6. La présente loi est applicable à l'Algérie et aux Colonies.

à raison de leurs fonctions notariales, doit toujours être portée devant le tribunal civil de leur résidence, la demande fut-elle inférieure à 200 fr.

Cas. 25 janvier 1859.

D. P. 59. 1. 76.

Il faudrait au contraire recevoir au droit commun si le notaire formait une demande, non plus comme officier ministériel mais comme mandataire, ou negotiorum gestor.

Cas. 21 juin 1865, D. P. 65. 1. 343.

Les mêmes règles s'appliquent tout aussi bien au notaire en exercice, qu'au notaire démissionnaire.

Paris 13 mars 1854.

D. P. 1855. 2. 35.

Durée de l'action judiciaire. — Prescription.

Conformément aux dispositions de l'article 1er de la loi du 5 août 1881, l'action des notaires, en paiement des frais et honoraires de leurs actes se prescrit par cinq ans.

Cette prescription ne s'applique pas aux frais ou honoraires dus à l'occasion d'un mandat spécial, ou d'une gestion d'affaire ; il faudrait alors appliquer la prescription trentenaire.

En général, c'est la date de l'acte qui fait courir le délai de cinq ans. Pour les testaments et les donations de biens à venir entre époux pendant le mariage, c'est le décès du testateur ou du donateur qui fait courir le délai. S'il s'agissait toutefois d'une donation de biens présents, avec ou sans réserve de jouissance au profit du donateur, ce serait la date de l'acte qui ferait courir le délai.

Droits des parties contre les notaires

En cette matière la taxe est d'ordre public ; les parties peuvent l'exiger alors même qu'elles auraient réglé amiablement avec le notaire , elles peuvent par voie de conséquence lui réclamer tout ce qui a été perçu en sus de la taxe et le notaire lui-même aurait le droit d'exiger le solde, si la taxe était supérieure à sa demande primitive.

Trib. C. de Castellane, 9 juin 1870.

La durée du recours en taxe et de l'action en prescription était autrefois de trente ans, elle a été réduite à deux ans, par l'article 2 de la loi du cinq août 1881, qui fixe également le point de départ de cette prescription spéciale, du jour du paiement, ou du règlement par compte arrêté.

L'acquiescement à la taxe, ou le paiement sans réserve de cette taxe rend l'action en restitution irrecevable : ce qui est d'ordre public, c'est la taxe et non l'opposition à taxe.

Cas. 28 août 1867.

D. P. 67. 1. 375.

La nouvelle loi de 1881 ne dit point dans quel délai l'opposition à taxe devra être faite. M. Aubertin estime, quant à présent et à défaut de jurisprudence sur la question, que l'article 6 du décret du 16 février 1807 n'est pas applicable, et que les juges auraient pouvoir d'apprécier, d'après les circonstances de la cause, si l'opposant a paru renoncer par son silence à contester le montant de la taxe.

Tarif général

Ainsi que l'on a pu s'en convaincre par l'exposé plus que sommaire, que je viens de faire, de la question de taxation des honoraires dus aux notaires, il ressort : que, pour tous les actes non tarifés par le décret du 16 février 1807, les Présidents des tribunaux d'arrondissement ont le droit de taxer les actes des notaires, suivant leur nature, et les difficultés que leur rédaction aurait présentées, et enfin, que presque toutes les chambres de discipline des notaires auraient dans un intérêt de dignité, créé pour leur ressort un tarif uniforme auquel chaque notaire se soumet.

Cette situation exceptionnelle faite à ces officiers ministériels, alors que les greffiers, les huissiers et les avoués sont tarifés par des règlements généraux et uniformes frappe d'étonnement; on se demande aussitôt pourquoi on n'a pas voulu dès le principe recourir à cette mesure si sage et si logique, et pourquoi on a pensé, uniquement pour cette corporation, que la différence des lieux, de personne et des actes rendrait un tarif impossible à rédiger selon les règles de la justice et de l'équité.

Depuis 1831 jusqu'en 1843, de nombreuses pétitions déposées à la chambre ont réclamé le tarif uniforme et général et ont, en quelque sorte, forcé le législateur et l'autorité a s'occuper de cette question si intéressante. Depuis. des travaux remarquables ont été faits par de nombreuses commissions parlementaires, et jusqu'en 1847 il a été déposé au moins dix rapports favorables au tarif général et uniforme.

En 1851, sur une proposition due à l'initiative parlementaire de M. Rouher, le Conseil d'Etat, la Cour de Cassation et les différentes Cours d'Appel ont été saisies de l'étude de la question. La très grande majorité des hautes Institutions judiciaires s'est prononcée pour le tarif uniforme.

La Cour de Dijon disait notamment ;

« Comment admettre que le nord, le centre, le midi de la France,
« assujettis malgré la diversité de leurs mœurs aux mêmes charges, à la
« législation, puissent être régis pour la taxe des notaires, par des règles
« différentes. »

Toutes les chambres des notaires en général, tous les magistrats taxateurs,
et enfin, tous les contribuables réclament cette réforme. Pourquoi ne pas la
réaliser ? alors que les Allemands l'ont déjà faite pour nos deux bien chères
provinces d'Alsace et de Lorraine, ainsi que l'on pourra s'en rendre compte
par un extrait de la loi allemande du 26 décembre 1873 que je donne ci-après.

Tarif des honoraires des notaires.

S. I

Sont soumis à la taxe proportionnelle :

1° — Les partages, redditions de comptes, liquidations ; les actes constatant le paiement réel des droits et reprises de la femme après séparation de
biens ; les états de collocation et de distribution du produit des exécutions
forcées — d'après le montant du tarif sans déduction des dettes ;

2° — Les ventes publiques — y compris la rédaction du cahier des
charges et toutes les autres opérations du notaire relatives à la vente, — d'après
le produit total des enchères, en tant qu'il y a eu adjudication *définitive ;* —
dans le cas contraire on calculera par vacations — la taxe par vacations
pourra également être appliquée, si une partie seulement des objets mis en
vente a été adjugée ;

3° — Les contrats portant vente, transmission ou échange volontaires
d'immeubles, — d'après le prix d'acquisition ou la valeur de l'échange ; —
la valeur de l'échange est déterminée par la plus forte des valeurs échangées ;

4° — Les obligations avec affectations hypothécaires, — d'après le montant du prêt.

« La taxe proportionnelle est fixée comme suit, d'après la valeur de
l'objet du contrat :

« Jusqu'à 5.000 fr. inclusivement 1   0/0
« De 5.000 à 30.000 fr. 1/2 0/0
« De 30.000 à 100.000 fr. 1/4 0/0
« Au delà de 100.000 fr. 1/8 0/0

§ II

Sont aussi soumis à la taxe proportionnelle :

1° — Les ventes de meubles, les constitutions de servitude, les transports
de droits les subrogations et délégations de créances, ainsi que les contrats

d'entreprise, de livraison, de construction ou de travail, — d'après les prix résultant de la convention ou de l'adjudication ;

2º — Les contrats d'échange d'objets mobiliers, — d'après la plus forte des valeurs échangées ;

3º — Les obligations sans affectation hypothécaires, les cautionnements, les contrats de gage et d'antichrèse, les actes de cautionnement des fonctionnaires — d'après la valeur de la créance ou des droits garantis ;

4º — Les donations, — suivant la valeur de l'objet de la donation :

5º — Les contrats d'assurances, — suivant le montant des sommes assurées ;

6º — Les contrats de Société, — suivant la valeur des mises de fonds, ou, s'il s'agit d'une association en participation pour une ou plusieurs opérations commerciales, — d'après la value de l'objet de l'association ;

7º — Toute espèce de baux à ferme ou à loyer, les constitutions d'usufruit ou de rentes, de pension alimentaire, — d'après le sextuple de la valeur du revenu actuel, lorsque le contrat a une durée de six ans ou plus, ou une durée illimitée ; pour une durée moindre. d'après le chiffre total du revenu annuel ;

Dans les cas prévus par ce paragraphe il sera perçu les *deux tiers* de la taxe fixé par le § Iᵉʳ.

§ III

Pour les certificats de propriété, le notaire touche 1/10 0/0 du montant de la valeur à percevoir.

§ IV

Le minimum de la taxe proportionnelle (§§ I III) sera de 3,75 centimes.

§ V

Sont taxés suivant le temps consacré à chaque affaire :

1º — Les inventaires;

2º — Les opérations relatives du compulsoire (articles 849, 852 du Code de procédure civile), les opérations que nécessitent les comparaisons d'écriture, les inscriptions de faux devant les tribunaux civils ou criminels, les divorces, les actes respectueux, les représentations d'absents, les ouvertures ou dépôts de testaments;

3º — Les rédactions des procès-verbaux des assemblées générales des sociétés par actions ou autres ;

4º — Tous les autres actes pour lesquels le tarif ne fixe pas d'autres honoraires;

5° — Les affaires de toute nature commencées, mais restées à l'état de projet, sans toutefois que les honoraires puissent dépasser la taxe qui aurait été due si l'affaire eût été terminée ;

6° — Les opérations d'un notaire en second pour la réception des testaments et des actes mentionnés en l'article 2 de la loi du 21 avril 1843 (Bulletin des lois, série IX, n° 10.713) ;

Les honoraires de vacations pour chaque heure de travail consacrée à une opération ou aux actes préparatoires seront de 2 francs 50 centimes, et toute heure commencée compte pour une heure entière.

§ VI

Les notaires perçoivent un droit fixe de 3 fr. 75 cent. pour :

1° — Les quittances, acceptations, révocations de contrats ou de testaments, actes portant remises de dettes ou prolongations de termes, renonciations, congés, ratifications, consentements, autorisations et tous autres actes unilatéraux ;

2° — Les contrats d'apprentissage ;

3° — Les protêts d'effets de commerce, les légalisations de signatures, de copies ou d'extraits qui n'émanent pas du notaire lui-même, les actes de notoriété et d'autres attestations ;

4° — Les actes portant reconnaissance d'enfants naturels, nomination de tuteurs ou de curateurs ;

5° — Les actes de souscription des testaments mystiques.

§ VII

Suivant l'importance ou la difficulté de l'affaire et suivant la situation de fortune des parties la taxe sera :

1° — Pour les actes de dernière volonté, les contrats de mariage, les transactions, de 10 à 100 fr ;

2° — Pour les précautions, les notes de radiation ou de réduction d'hypothèques, cession d'antériorité entre créanciers, rétablissement de la communauté, résolution, prolongation ou renouvellement de contrats, de 3 fr. 75 à 15 fr.

§ VIII

Lorsque le même acte embrasse plusieurs affaires, les honoraires ne pourront être perçus que pour une seule d'entre elles, au choix du notaire. — Cependant la cession du prix dans un contrat de vente, en tant que cette cession n'a pas pour but d'éteindre une obligation contractée antérieurement au profit du créancier, du vendeur, produira indépendamment de la taxe principale, la moitié de la taxe de cession.

§ IX

Pour la délivrance des certificats de vie, opérations relatives aux transcriptions, inscriptions et radiations hypothécaires, aux publications des contrats de mariage de commerçants ou des actes constatant le rétablissement de la communauté au cas de l'article 1.451 du Code civil, le notaire percevra, outre ses déboursés, et suivant la difficulté de l'affaire et de la valeur de l'objet, un honoraire de cinquante centimes à 2 fr. 50.

§ X

Pour recherche d'actes, le notaire aura droit :
— Si l'année de l'acte est indiquée, à 1 fr. 25.
— Dans les autres cas, à 2 fr. 50.
— Le droit de recherche n'est pas dû :
1º — En cas de première expédition pour l'une ou pour l'autre partie ;
2º — Lorsque la recherche a lieu pour passer un autre acte.

§ XI

La taxe pour l'encaissement, le dépôt et la délivrance des fonds provenant d'enchères ou d'autres causes est réglée à l'amiable, avec cette réserve qu'il ne pourra être perçu que 2 1/2 pour 100 pour les sommes qui ne dépassent pas 3.000 francs et 1 pour 100 pour tout ce qui est au delà.

§ XII

Le dépôt chez le notaire, d'un contrat sous seing privé, donnera lieu aux mêmes honoraires qui seraient dus si l'acte avait été dressé par le notaire lui-même.

§ XIII

Les rôles d'écriture sont payés pour les grosses comme pour les copies et les extraits, à raison de 1 fr. 50 pour chaque feuille ; — chaque page donnant 25 lignes et chaque ligne 15 syllabes.

§ XIV

Les affaires qui se traitent hors de l'habitation du notaire donnent droit à des honoraires de transport de 2 fr. 50 lorsqu'il ne s'éloigne pas à plus de *deux* kilomètres de sa résidence ; — et, pour une plus grande distance, à une indemnité de voyage qui sera calculée à raison de 1 fr. 25 pour chaque kilomètre parcouru, soit pour l'aller et le retour. — Si, après le calcul des distances parcourues pour l'aller et le retour, il reste des fractions de kilomètre, elles seront comptées pour un kilomètre entier. Le temps consacré au transport et au voyage n'entre pas en ligne de compte dans le calcul des vacations (§ V).

Lorsque plusieurs affaires sont traitées dans le même voyage, les taxes ne sont prélevées qu'une fois et réparties entre les diverses affaires, avec la réserve que les frais d'une seule affaire ne devront pas être plus élevés que si elle avait été traitée seule.

Lorsqu'une affaire exige plusieurs jours, la moitié de la taxe de transport ou de voyage sera due pour chaque jour supplémentaire.

§ XV

Les taxes établies par le tarif comprennent les honoraires qui sont dus pour toutes les opérations qui se rattachent habituellement à une affaire, y compris l'inscription au répertoire. — Spécialement il n'est pas dû d'honoraires de négociation pour le placement de fonds ou pour l'obtention d'un prêt.

§ XVI

La présence d'un crieur aux enchères, ou des témoins pour la passation d'un acte, ne donnera lieu qu'au paiement des déboursés du notaire.

§ XVII

Les notaires sont tenus de mentionner au bas de la minute et de chaque expédition le montant des honoraires réclamés, et, en outre, pour les affaires prévues dans le § V, le temps qu'ils y ont consacré.

Si un certain temps a été consacré aux opérations préparatoires, il y aura lieu d'indiquer, sur la minute, en quoi ces opérations ont consisté.

Quelles que soient les critiques que l'on puisse faire contre cette tarification, il faut cependant reconnaître que ce travail prouve au moins que le tarif général et uniforme n'est pas impossible.

La situation qui est faite en l'état aux habitants des campagnes, par les tarifs des chambres des notaires des grandes villes est certainement digne d'intérêt. On fait payer aux gens de la campagne le même tarif que l'on fait payer aux gens des villes.

Cette façon de procéder n'est pas équitable. Le tarif des avoués, huissiers et greffiers a compris cette situation et il s'est efforcé d'y remédier en établissant deux et même trois classes d'émoluments différents. Les notaires des grandes villes, en établissant leurs tarifs respectifs, ont fait ressortir avec raison, que les frais généraux nécessités par leur résidence étant fatalement plus élevés ils avaient également droit à des honoraires plus élevés, et comme les notaires des campagnes avaient intérêt à accepter le tarif le plus favorable , il ressort que les habitants des campagnes sont un peu sacrifiés puisqu'ils paient le même tarif que les habitants des grandes villes.

Toutes ces raisons, à mon avis, rendent nécessaire et urgente la création du tarif progressif, général et uniforme des frais et actes dus aux notaires, et il faut espérer que la chambre ne laissera pas plus longtemps dans ses archives les remarquables études qui ont été faites sur cette question si intéressante.

Avant de terminer, — je dois, pour être juste, — indiquer que, dans cette dernière matière, j'ai puisé tous les éléments de mes notes dans l'excellent ouvrage de M. Emile Aubertin : *Des honoraires et frais d'actes des notaires*. J'engage bien vivement les personnes qui voudraient se livrer à une étude approfondie de ces questions, à consulter cet éminent et intéressant jurisconsulte.

www.ingramcontent.com/pod-product-compliance
Lightning Source LLC
LaVergne TN
LVHW021048050726
842519LV00003B/1065